The Man in the Black Suit And Other Bilingual Dutch-English Stories

Pomme Bilingual

Published by Pomme Bilingual, 2024.

While every precaution has been taken in the preparation of this book, the publisher assumes no responsibility for errors or omissions, or for damages resulting from the use of the information contained herein.

THE MAN IN THE BLACK SUIT AND OTHER BILINGUAL DUTCH-ENGLISH STORIES

First edition. November 9, 2024.

ISBN: 979-8227832290

Written by Pomme Bilingual.

Table of Contents

Het Mysterie van de Oude Molen

In het rustige dorpje Ruisbroek, waar de tijd lijkt stil te staan, torent een oude molen boven de daken uit. Voor de bewoners is de molen een gewoon zicht, een vertrouwd symbool van hun gemeenschap. Maar voor Jasper en zijn kleindochter Anneke is deze molen allesbehalve gewoon.

Jasper, een gepensioneerde leraar met een hart voor geschiedenis, heeft altijd geweten dat er verhalen schuilgaan achter de houten wieken en de stenen muren. Maar het is pas wanneer zijn nieuwsgierige kleindochter Anneke op bezoek komt, dat hij besluit om het mysterie te onderzoeken. Anneke, met haar nieuwsgierige aard en scherpe blik, overtuigt hem ervan dat ze samen op zoek moeten gaan naar de geheimen van de molen.

Op een zonnige middag, gewapend met een notitieboekje en een zaklamp, gaan Jasper en Anneke op pad. Ze ontmoeten Willem, een oude vriend van Jasper en een voormalig molenaar, die hen meer kan vertellen over de geschiedenis van de molen. Willem is een vriendelijke, warme man met een lange grijze baard en ogen die twinkelen als hij spreekt over zijn geliefde molen. Hij was ooit de molenaar van Ruisbroek en weet meer dan wie dan ook over de geheimen die deze molen verbergt.

"Ik heb altijd het gevoel gehad dat deze molen iets bijzonders heeft," zegt Jasper terwijl hij naar de wieken kijkt die zachtjes draaien in de wind. "Maar wat dat is, weet ik niet."

Willem glimlacht geheimzinnig en zegt: "Het is meer dan zomaar een molen. Volgens de verhalen werd de molen al generaties lang gebruikt, en sommige zeggen dat er ooit belangrijke documenten verborgen zijn in de fundering."

Anneke, met grote ogen, vraagt opgewonden: "Wat voor documenten, Opa? Denk je dat we ze kunnen vinden?"

Willem knikt langzaam. "Misschien wel, als jullie weten waar jullie moeten zoeken. De molen is oud en heeft zijn geheimen goed bewaard."

Met die aanwijzing besluiten Jasper en Anneke verder te speuren. Ze lopen voorzichtig de houten trappen op en dalen af naar de kelder van de molen, waar het licht zwak is en de lucht vochtig. Jasper laat de zaklamp schijnen op de oude stenen muur, waar scheuren en groeven zichtbaar zijn. Anneke voelt voorzichtig met haar handen langs de muur en roept plotseling: "Opa! Hier voelt het anders!"

Jasper buigt zich naar de muur en ziet dat er een kleine, verborgen nis is. In het schemerige licht ziet hij een oude, vergeelde envelop. Hij opent het voorzichtig, en binnenin ontdekken ze oude papieren met handgeschreven notities en tekeningen van de molen.

Willem, die hen gevolgd is, glimlacht. "Dat, mijn vrienden, zijn de oorspronkelijke bouwplannen van de molen, inclusief enkele geheimen die alleen de bouwer kende. Misschien wilden ze iets verbergen, of misschien hadden ze plannen die nooit uitgevoerd zijn."

Anneke kijkt op naar haar opa. "Dit is een echt mysterie, hè, Opa?"

Jasper knikt met een glimlach. "Dat is het zeker, Anneke. En ik ben blij dat jij erbij was om het met me te ontdekken."

Die avond zitten Jasper, Anneke en Willem bij het haardvuur, pratend over hun vondst en de vele verhalen die nog in de molen verscholen liggen. Marjolein, Jasper's buurvrouw, komt langs met warme appeltaart en sluit zich aan bij hun gezelschap. Ze praten en lachen tot laat in de nacht, genietend van de simpele vreugden van het dorpsleven, verbonden door de geschiedenis en de mysterieën die hen omringen.

In Ruisbroek, onder de schaduw van de oude molen, voelt iedereen zich weer een beetje meer verbonden – met elkaar, met het verleden, en met de geheimen die het dorp vormen. De molen blijft staan, een stille bewaker van het dorp en zijn verhalen, wachtend tot de volgende generatie nieuwsgierigen weer op zoek gaat naar de geheimen die het bewaart.

The Mystery of the Old Mill

In the quiet village of Ruisbroek, where time seems to stand still, an old mill rises above the rooftops. For the villagers, the mill is a common sight, a familiar symbol of their community. But for Jasper and his granddaughter Anneke, this mill is anything but ordinary.

Jasper, a retired teacher with a passion for history, has always known that stories lie hidden behind the wooden sails and stone walls. It is only when his curious granddaughter Anneke comes to visit that he decides to investigate the mystery. Anneke, with her inquisitive nature and sharp eye, convinces him that they should search for the secrets of the mill together.

On a sunny afternoon, armed with a notebook and a flashlight, Jasper and Anneke set off. They meet Willem, an old friend of Jasper's and a former miller, who can tell them more about the mill's history. Willem is a kind, warm man with a long gray beard and twinkling eyes when he speaks of his beloved mill. He was once the miller of Ruisbroek and knows more than anyone about the secrets that this mill hides.

"I've always felt that this mill has something special," Jasper says as he looks at the sails gently turning in the wind. "But I don't know what that is."

Willem smiles mysteriously and says, "It's more than just a mill. According to the stories, the mill has been used for generations, and some say that important documents were once hidden in its foundation.”

Anneke, with wide eyes, excitedly asks, “What kind of documents, Grandpa? Do you think we can find them?”

Willem nods slowly. “Perhaps, if you know where to look. The mill is old and has kept its secrets well.”

With that clue, Jasper and Anneke decide to continue their search. They carefully ascend the wooden stairs and descend into the mill’s basement, where the light is dim and the air is damp. Jasper shines the flashlight on the old stone wall, where cracks and grooves are visible. Anneke carefully runs her hands along the wall and suddenly exclaims, “Grandpa! This feels different!”

Jasper leans closer to the wall and sees a small, hidden niche. In the dim light, he spots an old, yellowed envelope. He opens it cautiously, and inside they discover old papers with handwritten notes and drawings of the mill.

Willem, who has followed them, smiles. “That, my friends, are the original blueprints of the mill, including some secrets known only to the builder. Perhaps they wanted to hide something, or maybe they had plans that were never carried out.”

Anneke looks up at her grandpa. “This is a real mystery, isn’t it, Grandpa?”

Jasper nods with a smile. “It certainly is, Anneke. And I’m glad you were here to discover it with me.”

That evening, Jasper, Anneke, and Willem sit by the fireplace, talking about their find and the many stories still hidden in the mill. Marjolein, Jasper's neighbor, stops by with warm apple pie and joins their gathering. They talk and laugh late into the night, enjoying the simple pleasures of village life, connected by the history and mysteries that surround them.

In Ruisbroek, beneath the shadow of the old mill, everyone feels a little more connected – to each other, to the past, and to the secrets that shape the village. The mill stands tall, a silent guardian of the village and its stories, waiting for the next generation of curious souls to seek out the secrets it keeps.

De Man in het Zwarte Kostuum

Het was een koude ochtend in november toen Hendrik, een fabrieksarbeider in een staalfabriek, voor het eerst de man in het zwarte kostuum zag. De man stond aan de rand van het fabrieksplein, handen in zijn zakken, en observeerde de arbeiders die naar binnen gingen. Hendrik voelde een rilling over zijn rug lopen; hij had al gehoord dat er een grote reorganisatie aankwam, maar niemand wist precies wat het zou betekenen voor hun banen.

De afgelopen maanden waren zwaar geweest. De productiedoelen waren verhoogd, en de lonen leken elke maand minder waard te worden. Hendrik had thuis aan tafel vaak gesproken met zijn vrouw Evelien over de oplopende rekeningen en de onzekerheid over hun toekomst. Ze hadden twee kinderen, en de gedachte dat hij zijn baan zou kunnen verliezen, bracht hem elke nacht rusteloos in bed.

Op een dag, tijdens de lunchpauze, liep Maarten, een collega en vriend, naar Hendrik toe. "Heb je gehoord wat er aan de hand is, Hendrik?" vroeg Maarten met een bezorgde blik. "Ze zeggen dat die man in het zwarte kostuum hier is om mensen te ontslaan."

Hendrik knikte somber. "Ik weet het, Maarten. Maar wat kunnen wij eraan doen? We zijn arbeiders. Niemand luistert naar ons."

Maarten keek hem vastberaden aan. "Misschien is het tijd dat we ons laten horen. We moeten een staking overwegen. Als we niet nu opkomen voor onze rechten, wie doet het dan voor ons?"

Hendrik aarzelde. Hij wist dat een staking risico's met zich meebracht. Het zou niet alleen zijn baan kunnen kosten, maar ook de toekomst van zijn familie in gevaar brengen. Die avond sprak hij met Evelien over Maartens voorstel. Ze luisterde aandachtig, haar gezicht ernstig.

"Wat denk jij ervan, Evelien?" vroeg Hendrik uiteindelijk.

Evelien pakte zijn hand vast en zei: "Ik wil niet dat we ons leven laten bepalen door angst. Jij werkt al jaren hard voor dat bedrijf, en ze moeten weten wat dat waard is. Ik steun je, Hendrik, wat je ook besluit."

De volgende dag stond Hendrik samen met Maarten en enkele andere collega's buiten de fabriek, terwijl de man in het zwarte kostuum hen vanuit het kantoor observeerde. Ze hielden borden omhoog met teksten zoals Eerlijke Lonen en Rechtvaardigheid voor Arbeiders. De sfeer was gespannen, maar Hendrik voelde zich gesterkt door de aanwezigheid van zijn collega's, die dezelfde angsten en zorgen deelden.

Na enkele dagen van protesteren en onderhandelen, kwam de man in het zwarte kostuum naar buiten om met de arbeiders te spreken. "Jullie begrijpen toch wel dat jullie eisen niet realistisch zijn?" zei hij op een kille toon. "Het bedrijf moet winst maken, en soms moeten we moeilijke beslissingen nemen."

Maarten stapte naar voren en antwoordde: "En wij zijn degenen die de prijs betalen, terwijl jullie aan de top blijven profiteren. Wij werken hard voor dit bedrijf, en we verdienen het om eerlijk behandeld te worden."

De man glimlachte ijzig en zei niets meer, maar zijn blik sprak boekdelen. De staking ging door, maar de dreiging van ontslag hing zwaar in de lucht. Veel arbeiders begonnen zich zorgen te maken en vroegen zich af of ze de juiste keuze hadden gemaakt.

Evelien bleef Hendrik ondertussen moed inspreken. "Dit gaat niet alleen over jou, Hendrik. Dit gaat over gerechtigheid. Voor ons allemaal, voor onze kinderen." Haar woorden gaven hem de kracht om door te gaan, ondanks de onzekerheden.

Na een lange week van onderhandelingen en protesten kregen de arbeiders eindelijk te horen dat het bedrijf bereid was om een deel van hun eisen in te willigen. Ze zouden eerlijke lonen krijgen en betere arbeidsomstandigheden, maar het was een harde strijd geweest. Sommige collega's waren echter hun baan kwijtgeraakt, waaronder Maarten, die het risico had genomen voor de zaak van alle arbeiders.

Op de laatste dag van de staking, terwijl Hendrik en Evelien met hun kinderen door de stad liepen, zag hij de man in het zwarte kostuum weer, dit keer vergezeld door een aantal andere mannen in nette pakken. Hun gezichten stonden kil, en ze keken hen slechts even aan voordat ze verder liepen. Het was een herinnering aan de strijd die ze hadden doorgemaakt, en de offers die gebracht waren.

Maar Hendrik voelde een nieuwe kracht in zichzelf. Hij had geleerd dat hij, zelfs als eenvoudige arbeider, een stem had. Hij had voor zijn familie en voor zijn eigenwaarde gevochten. En hoewel de toekomst nog steeds onzeker was, wist hij dat hij niet alleen stond.

Die avond zaten Hendrik en Evelien samen op de bank. "Denk je dat het allemaal de moeite waard was?" vroeg hij zachtjes.

Evelien legde haar hoofd op zijn schouder en antwoordde: "Ja, Hendrik. Soms moet je voor gerechtigheid vechten, zelfs als de weg moeilijk is. En jij hebt laten zien wat moed betekent."

Hendrik glimlachte. Voor het eerst in lange tijd voelde hij zich vrij, trots en klaar voor wat de toekomst zou brengen.

The Man in the Black Suit

It was a cold November morning when Hendrik, a factory worker at a steel plant, first saw the man in the black suit. The man stood at the edge of the factory yard, hands in his pockets, observing the workers as they entered. Hendrik felt a chill run down his spine; he had heard that a major reorganization was imminent, but no one knew exactly what it would mean for their jobs.

The past few months had been tough. Production targets had been raised, and wages seemed to lose value with each passing month. Hendrik often talked at the dinner table with his wife, Evelien, about the mounting bills and the uncertainty about their future. They had two children, and the thought of losing his job kept him restless in bed every night.

One day, during lunch break, Maarten, a colleague and friend, approached Hendrik with a worried look. "Have you heard what's going on, Hendrik?" Maarten asked, concern etched on his face. "They say that man in the black suit is here to lay people off."

Hendrik nodded somberly. "I know, Maarten. But what can we do about it? We are workers. No one listens to us."

Maarten looked at him determinedly. "Maybe it's time we made our voices heard. We should consider a strike. If we don't stand up for our rights now, who will?"

Hendrik hesitated. He knew that a strike came with risks. It could not only cost him his job but also jeopardize his family's future. That evening, he discussed Maarten's proposal with Evelien. She listened intently, her face serious.

"What do you think, Evelien?" Hendrik finally asked.

Evelien took his hand and said, "I don't want us to let fear dictate our lives. You've worked hard for this company for years, and they need to know what that's worth. I support you, Hendrik, whatever you decide."

The next day, Hendrik stood outside the factory with Maarten and a few other colleagues while the man in the black suit watched them from the office. They held up signs reading Fair Wages and Justice for Workers. The atmosphere was tense, but Hendrik felt empowered by the presence of his colleagues, who shared the same fears and concerns.

After several days of protesting and negotiating, the man in the black suit finally came outside to speak with the workers. "You do understand that your demands are unrealistic, don't you?" he said in a cold tone. "The company needs to make a profit, and sometimes we have to make tough decisions."

Maarten stepped forward and replied, "And we are the ones who pay the price while you sit at the top profiting. We work hard for this company, and we deserve to be treated fairly."

The man smiled icily and said nothing more, but his gaze spoke volumes. The strike continued, but the threat of layoffs hung heavily in the air. Many workers began to worry and questioned whether they had made the right choice.

Meanwhile, Evelien continued to encourage Hendrik. "This isn't just about you, Hendrik. This is about justice. For all of us, for our children." Her words gave him the strength to carry on despite the uncertainties.

After a long week of negotiations and protests, the workers finally heard that the company was willing to meet some of their demands. They would receive fair wages and better working conditions, but it had been a hard-fought battle. However, some colleagues had lost their jobs, including Maarten, who had taken the risk for the sake of all workers.

On the final day of the strike, as Hendrik and Evelien walked through the city with their children, he saw the man in the black suit again, this time accompanied by several other men in sharp suits. Their faces were cold, and they glanced at them for just a moment before walking on. It was a reminder of the struggle they had gone through and the sacrifices that had been made.

Yet Hendrik felt a new strength within himself. He had learned that even as a simple worker, he had a voice. He had fought for his family and for his self-worth. And although the future remained uncertain, he knew he was not alone.

That evening, Hendrik and Evelien sat together on the couch. "Do you think it was all worth it?" he asked softly.

Evelien rested her head on his shoulder and replied, "Yes, Hendrik. Sometimes you have to fight for justice, even when the path is difficult. And you've shown what courage means."

Hendrik smiled. For the first time in a long while, he felt free, proud, and ready for whatever the future would bring.

Een Lange Zomer in Utrecht

———

De zomer in Utrecht leek eindeloos. De zon brandde fel op de oude straatstenen en bracht een verstilde, dromerige sfeer over de stad. Lotte, een schrijfster die al maanden worstelde met een gebrek aan inspiratie, keek uit haar raam en observeerde het leven dat zich langzaam ontvouwde in haar buurt.

Ze voelde zich verloren in haar eigen gedachten, gevangen in een stilstand die moeilijk te doorbreken was. Het schrijven, ooit een troostende metgezel, leek nu verder van haar verwijderd dan ooit. Lotte vond haar troost in de routine van het kijken naar de mensen om haar heen, haar buren die elk hun eigen leven leidden in het decor van de oude stad.

Elke ochtend liep ze langs het raam van de boekwinkel, waar ze soms Bram zag, de eigenaar. Hij had iets eigenaardigs, iets bedachtzaams over zich. Lotte stelde zich voor dat hij een boek aan het lezen was waarin hij zichzelf helemaal kon verliezen, de wereld buiten de pagina's even vergetend. Bram leek altijd in gesprek te zijn met de mensen die binnenkwamen, niet alleen als een verkoper maar als een vriend. Hij kende iedereen in de buurt bij naam, en zelfs de kleinste verhalen leken hem te boeien.

Dan was er Nienke, een jonge vrouw die elke middag met haar fiets langs Lotte's raam kwam. Ze had een lichtvoetigheid over zich, een soort energie die Lotte bewonderde. Lotte kon alleen maar raden waar Nienke elke dag naartoe ging, maar ze stelde zich een zorgeloos leven voor, gevuld met momenten van pure vreugde. Toch ving ze soms een glimp op van iets zwaars in haar blik, alsof er een verborgen verhaal onder haar glimlach schuilde.

Op een bijzonder warme middag, toen de lucht zwaar en vol beloften van een naderende storm hing, zag Lotte Thijs, een man van middelbare leeftijd die schuin tegenover haar woonde. Thijs leek altijd verloren in gedachten, wandelend door zijn tuin, vaak zijn hoofd schuddend alsof hij een dialoog met zichzelf voerde. Ze had hem ooit horen praten over een oud verlies, een gemis dat als een schaduw over zijn leven hing. Lotte voelde zich ongemakkelijk aangetrokken tot zijn eenzaamheid, alsof die iets weerspiegelde van haar eigen gevoelens die ze moeilijk onder woorden kon brengen.

De dagen volgden elkaar op in een traag ritme, en hoewel de warmte beklemmend was, voelde Lotte een diepe verbondenheid met haar buurt en de mensen om haar heen. Ze begon details op te merken, kleine gebaren en routines die ze eerder niet had gezien. Ze observeerde hoe Nienke op een dag langer stilstond voor het raam van de boekwinkel, haar blik op Bram gericht, alsof ze een beslissing overwoog die ze niet kon nemen.

Lotte voelde een drang om al deze verhalen te vangen, om ze tot leven te brengen in woorden. Maar telkens als ze probeerde te schrijven, leek haar geest leeg, alsof de woorden vastzaten in de hitte van de zomer. Ze begon zich af te vragen of ze deze levens echt kende, of dat ze alleen haar eigen verlangens en angsten op hen projecteerde.

Op een zwoele avond, toen de hemel roze kleurde en de eerste sterren verschenen, besloot Lotte om haar schrijfblok en een pen mee te nemen naar het park. Ze vond een bankje onder een oude eik, en terwijl ze daar zat, voelde ze eindelijk de woorden naar boven komen. Ze schreef over de eenzame figuur van Thijs, de levendige geest van Nienke, de bedachtzame Bram – en over zichzelf, als een toeschouwer in het schouwspel van het leven.

Langzaam begon ze te beseffen dat de blokkade die haar dwarszat niet ging over inspiratie of woorden, maar over het verlangen naar verbinding, naar echt contact. In haar verlangen om verhalen te vangen, had ze zichzelf geïsoleerd, zichzelf buiten het leven geplaatst. Nu, met de pen in haar hand en het zachte geruis van de bomen om haar heen, voelde ze zich eindelijk deel van dat leven, alsof de verhalen die ze had waargenomen evenzeer de hare waren als die van haar buren.

Toen de zomer ten einde liep en de dagen korter werden, vond Lotte zich veranderd. Ze had een nieuwe rust in zichzelf gevonden, een vertrouwen dat haar blik op de wereld en op zichzelf had verruimd. Ze wist dat ze opnieuw zou gaan schrijven, niet alleen over haar buren, maar ook over de diepe, onzichtbare banden die hen samenhielden, die haar deel lieten voelen van iets groters.

Op een dag liep ze de boekwinkel binnen, waar Bram haar vriendelijk toelachte. Ze kocht een boek en knikte hem dankbaar toe, terwijl ze besefte dat zelfs de kleinste gebaren betekenisvol konden zijn. Nienke glimlachte naar haar toen ze haar op straat tegenkwam, en Thijs gaf haar een knikje in de tuin, als een stille erkenning van de onuitgesproken verhalen die hen bonden.

En zo eindigde die lange zomer in Utrecht, met de herinnering aan warme dagen en stille momenten, een seizoen dat voorbijging, maar waarvan de verhalen altijd bij haar zouden blijven.

A Long Summer in Utrecht

The summer in Utrecht felt endless. The sun blazed down on the old cobblestones, casting a still, dreamy atmosphere over the city. Lotte, a writer struggling for months with a lack of inspiration, gazed out her window, observing the life that unfolded slowly in her neighborhood.

She felt lost in her own thoughts, trapped in a stagnation that was hard to break. Writing, once a comforting companion, now seemed further away than ever. Lotte found solace in the routine of watching the people around her—her neighbors living their own lives against the backdrop of the old city.

Every morning, she walked past the window of the bookstore, where she sometimes saw Bram, the owner. There was something peculiar, something thoughtful about him. Lotte imagined he was lost in a book, forgetting the world outside the pages. Bram always seemed to be in conversation with the people who entered, not just as a seller but as a friend. He knew everyone in the neighborhood by name, and even the smallest stories seemed to captivate him.

Then there was Nienke, a young woman who rode her bicycle past Lotte's window every afternoon. She carried an air of lightness, a kind of energy that Lotte admired. Lotte could only guess where Nienke went each day, imagining a carefree life filled with moments of pure joy. Yet, sometimes she caught a glimpse of something heavy in her gaze, as if a hidden story lurked beneath her smile.

One particularly warm afternoon, as the air hung heavy with the promise of an approaching storm, Lotte noticed Thijs, a middle-aged man who lived diagonally across from her. Thijs always seemed lost in thought, wandering through his garden, often shaking his head as if engaged in a dialogue with himself. She had overheard him speak of an old loss, a grief that cast a shadow over his life. Lotte felt an uncomfortable pull towards his solitude, as if it reflected something within her own feelings that she struggled to articulate.

Days passed in a slow rhythm, and although the heat was oppressive, Lotte felt a deep connection to her neighborhood and the people around her. She began to notice details, small gestures and routines she hadn't seen before. She observed how Nienke lingered one day at the bookstore window, her gaze fixed on Bram, as if she was contemplating a decision she couldn't make.

Lotte felt a yearning to capture all these stories, to bring them to life in words. But each time she tried to write, her mind felt blank, as if the words were trapped in the summer heat. She began to wonder if she truly knew these lives or if she was merely projecting her own desires and fears onto them.

On a sultry evening, as the sky turned pink and the first stars appeared, Lotte decided to take her notebook and a pen to the park. She found a bench beneath an old oak tree, and as she sat there, she finally felt the words beginning to flow. She wrote about the solitary figure of Thijs, the vibrant spirit of Nienke, the contemplative Bram—and about herself, as a spectator in the drama of life.

Slowly, she began to realize that the block she faced was not about inspiration or words, but about a longing for connection, for real contact. In her desire to capture stories, she had isolated herself, placing herself outside of life. Now, with the pen in hand and the soft rustle of the trees around her, she felt finally a part of that life, as if the stories she had observed were as much hers as those of her neighbors.

As summer came to a close and the days grew shorter, Lotte found herself changed. She had discovered a new calm within herself, a confidence that expanded her view of the world and of herself. She knew she would write again, not just about her neighbors, but about the deep, invisible bonds that held them together, that made her feel part of something larger.

One day, she walked into the bookstore, where Bram greeted her with a friendly smile. She bought a book and nodded her thanks to him, realizing that even the smallest gestures could be meaningful. Nienke smiled at her when they met on the street, and Thijs nodded to her in his garden, a silent acknowledgment of the unspoken stories that connected them.

And so, that long summer in Utrecht ended, leaving behind memories of warm days and quiet moments—a season that passed, but whose stories would always remain with her.

De Brug bij Amstelpark

Ranjit stond bij de brug bij het Amstelpark, zijn favoriete plek om na te denken. Hij hield van het uitzicht over het rustige water en de bomen die zich in het heldere kanaal weerspiegelden. Het was hier dat hij Marijke ontmoette, een architect die vaak langs de brug wandelde na haar werk. Hun vriendschap begon eenvoudig, met een beleefde knik en een vriendelijke glimlach, maar groeide al snel uit tot een wekelijkse ontmoeting.

Op een zonnige dinsdagmiddag nodigde Ranjit haar uit om samen een kop chai te drinken, en zo begon hun ritueel. Elke week ontmoetten ze elkaar bij de brug, waar hij zijn zelfgemaakte chai in een thermosfles meenam, gekruid met kardemom, gember en een vleugje kaneel. Terwijl ze aan de thee nipten, vertelden ze elkaar verhalen – over hun werk, hun dromen, hun achtergronden.

Ranjit was geboren in Amsterdam, maar zijn familie kwam oorspronkelijk uit India. Hij was kunstenaar en vond inspiratie in de versmelting van culturen om hem heen. Marijke, die van oorsprong Nederlands was, luisterde graag naar zijn verhalen over zijn familie en de betekenis van bepaalde Indiase symbolen en kleuren in zijn kunstwerken. Ze was zelf een architect en had een fascinatie voor de manier waarop gebouwen een stad vormgeven en hoe elke structuur een verhaal kan vertellen. Hun gesprekken voerden hen van kunst tot cultuur, en van architectuur tot filosofie.

Op een dag ontmoetten ze Ahmed, een jonge man uit Syrië die net in Nederland was aangekomen. Hij zat op een bankje vlak bij de brug en leek wat verloren. Ranjit herkende de uitdrukking in zijn ogen – een mengeling van hoop en onzekerheid – en nodigde hem uit om bij hen te komen zitten. Ahmed sprak nog niet veel Nederlands, maar met een mix van Engels, gebaren en geduld begon hij zijn verhaal te delen. Hij vertelde over zijn familie, zijn reis naar Nederland, en zijn hoop om hier een nieuw leven op te bouwen. Marijke en Ranjit luisterden aandachtig, geraakt door zijn moed en doorzettingsvermogen.

Naarmate de weken verstreken, werd Ahmed een vast onderdeel van hun ontmoetingen. Hij genoot van de chai die Ranjit meebracht en leerde de geur van kardemom en gember waarderen. Samen met Marijke en Ranjit vond hij troost in hun gesprekken, waarin ze niet alleen verhalen deelden, maar ook een stukje van zichzelf.

Op een middag bracht Marijke een vriendin mee, Lena, een echte Amsterdammer die haar hele leven in de stad had gewoond. Lena was nieuwsgierig naar de groep en luisterde met verwondering naar de verhalen van Ahmed en Ranjit. Hoewel ze zelf nooit in het buitenland had gewoond, voelde ze een diepe verbondenheid met hen. Ze vertelde over haar grootouders, die uit Duitsland kwamen, en hoe zij zich destijds hadden moeten aanpassen aan een nieuw leven in Nederland. Het was een verhaal van lang geleden, maar Lena zag in Ahmeds ogen dat het gevoel van zoeken en vinden van een thuis iets tijdloos was.

De brug bij Amstelpark werd hun vaste plek, een toevluchtsoord voor gesprekken over identiteit, liefde, verlies en hoop. Elk van hen droeg iets bij, een perspectief, een verhaal, een stukje van hun eigen cultuur. Ze deelden niet alleen thee en verhalen, maar ook tradities en gewoonten. Lena bracht koekjes mee die haar oma altijd bakte, terwijl Ahmed een Syrisch gerecht voor hen klaarmaakte. Ranjit leerde hen de Indiase handgebaren die vaak gebruikt werden in zijn familie, en Marijke vertelde over de geschiedenis van Amsterdam en haar architectonische wonderen.

De seizoenen veranderden en hun ontmoetingen werden een constante in een wereld die altijd in beweging was. De gesprekken bij de brug waren een weerspiegeling van hun gedeelde ervaringen en hun respect voor elkaars cultuur. Voor Ahmed was het een plek waar hij zich thuis voelde in een vreemde stad; voor Ranjit was het een herinnering aan de kracht van vriendschap en gemeenschapszin; voor Marijke was het een bron van inspiratie, een bewijs dat architectuur niet alleen gebouwen was, maar ook de banden tussen mensen kon versterken. En voor Lena was het een herontdekking van haar stad en de vele levens die het rijk was.

Op een koude herfstavond, terwijl de wind door de bomen ruiste en de brug glinsterde in het zachte avondlicht, wisten ze dat hun vriendschap verder ging dan woorden, culturen of achtergrond. Het was een band van wederzijds begrip en gedeelde menselijkheid, een stil, maar krachtig testament van de schoonheid van culturele uitwisseling.

Zo werd de brug bij Amstelpark niet alleen een plek van ontmoeting, maar ook een symbool van verbondenheid, van verhalen die zich verweven als draden in een kleurrijk tapijt. En elke keer als ze afscheid namen met een glimlach en een knik, voelden ze dat ze een beetje dichter bij elkaar, en bij zichzelf, waren gekomen.

The Bridge at Amstelpark

Ranjit stood by the bridge at Amstelpark, his favorite place to think. He loved the view over the calm water and the trees reflecting in the clear canal. It was here that he met Marijke, an architect who often walked by the bridge after work. Their friendship began simply, with a polite nod and a friendly smile, but quickly grew into a weekly ritual.

On a sunny Tuesday afternoon, Ranjit invited her to share a cup of chai, and thus their tradition began. Each week, they met at the bridge, where he brought his homemade chai in a thermos, spiced with cardamom, ginger, and a hint of cinnamon. As they sipped their tea, they shared stories—about their work, their dreams, their backgrounds.

Ranjit was born in Amsterdam, but his family originally hailed from India. He was an artist and found inspiration in the blend of cultures around him. Marijke, who was Dutch, loved listening to his stories about his family and the significance of certain Indian symbols and colors in his artwork. She, too, was an architect and had a fascination with how buildings shape a city and how each structure can tell a story. Their conversations ranged from art to culture, from architecture to philosophy.

One day, they met Ahmed, a young man from Syria who had just arrived in the Netherlands. He sat on a bench near the bridge, looking somewhat lost. Ranjit recognized the expression in his eyes—a mix of hope and uncertainty—and invited him to join them. Ahmed didn't speak much Dutch yet, but with a blend of English, gestures, and patience, he began to share his story. He talked about his family, his journey to the Netherlands, and his hopes of building a new life here. Marijke and Ranjit listened intently, moved by his courage and determination.

As the weeks went by, Ahmed became a regular part of their meetings. He enjoyed the chai Ranjit brought and learned to appreciate the aroma of cardamom and ginger. Alongside Marijke and Ranjit, he found solace in their conversations, where they not only shared stories but also pieces of themselves.

One afternoon, Marijke brought a friend, Lena, a true Amsterdammer who had lived in the city her entire life. Lena was curious about the group and listened with wonder to the stories of Ahmed and Ranjit. Though she had never lived abroad, she felt a deep connection with them. She shared stories about her grandparents, who had come from Germany, and how they had to adapt to a new life in the Netherlands. It was a tale from long ago, but Lena saw in Ahmed's eyes that the feeling of searching for and finding a home was timeless.

The bridge at Amstelpark became their regular spot, a refuge for conversations about identity, love, loss, and hope. Each of them contributed something— a perspective, a story, a piece of their own culture. They shared not only tea and stories but also traditions and customs. Lena brought cookies that her grandmother always baked, while Ahmed prepared a Syrian dish for them. Ranjit taught them the Indian hand gestures often used in his family, and Marijke spoke of the history of Amsterdam and its architectural wonders.

Seasons changed, and their meetings became a constant in a world that was always shifting. The conversations at the bridge reflected their shared experiences and mutual respect for each other's cultures. For Ahmed, it was a place where he felt at home in a foreign city; for Ranjit, it was a reminder of the power of friendship and community; for Marijke, it was a source of inspiration, a testament that architecture was not just about buildings but also about strengthening the bonds between people. And for Lena, it was a rediscovery of her city and the many lives it embraced.

On a chilly autumn evening, as the wind rustled through the trees and the bridge sparkled in the soft evening light, they knew their friendship transcended words, cultures, or backgrounds. It was a bond of mutual understanding and shared humanity, a quiet yet powerful testament to the beauty of cultural exchange.

Thus, the bridge at Amstelpark became not only a meeting place but also a symbol of connection, of stories interweaving like threads in a colorful tapestry. And every time they said goodbye with a smile and a nod, they felt a little closer to each other and to themselves.

De Poppenhuis van Tante Iris

Toen Sophie het grote, zorgvuldig ingepakte poppenhuis van haar tante Iris in haar handen hield, voelde ze een vertrouwde warmte in haar hart. Het huis, dat zo prachtig en gedetailleerd was gebouwd, had haar altijd gefascineerd toen ze als klein meisje op bezoek kwam. Elke kamer was zorgvuldig ingericht, elk meubelstuk op zijn plek gezet alsof de kleine poppen echt een leven hadden geleefd binnen die muren. Nu was het poppenhuis van haar, een erfenis die haar deed terugdenken aan al die zomerdagen in Tante Iris' huis.

Het poppenhuis was een meesterwerk, met kleine kamers die allemaal hun eigen verhaal leken te vertellen. Tante Iris had haar vaak verteld dat elke kamer een herinnering bevatte, en dat ze, als ze goed keek, kon zien waar hun voorouders ooit woonden en leefden. Sophie geloofde als kind natuurlijk elk woord van haar tante en was nu, als volwassene, nieuwsgierig of die verhalen meer waren dan slechts fantasie.

Ze zette het poppenhuis neer in haar woonkamer en begon de kamers één voor één te onderzoeken. In de woonkamer, ingericht met kleine leren fauteuils en een miniatuur open haard, zag ze zichzelf ineens weer als klein meisje, zittend op de bank naast Tante Iris, luisterend naar verhalen over verre ooms en tantes, over liefdes en verliezen, geluk en verdriet. De geur van kaneel, die altijd in het huis van Tante Iris hing, leek plotseling haar neus te vullen.

In de slaapkamer, met een bed met kanten lakens en een schilderijtje aan de muur, vond Sophie een klein houten kistje onder het bed verstopt. Het was vreemd, ze kon zich niet herinneren dat ze dit ooit eerder had gezien. Toen ze het kistje openmaakte, zag ze een miniatuur dagboek met piepkleine letters erin geschreven. Ze herkende het handschrift van haar oma, die altijd mooie, ronde letters schreef. Het dagboekje vertelde over een zomer aan zee, over dagen gevuld met zon en zand, over haar grootvader die zijn vrouw een klein schelpje had gegeven dat symbool stond voor hun eeuwige liefde. Sophie voelde een traan in haar ooghoek; deze verhalen had ze nog nooit gehoord.

Toen haar broer Mees op bezoek kwam, liet ze hem het poppenhuis zien. Hij herinnerde zich de zolderkamer, waar een klein schildersezel stond met een minuscule kwast en een open doos met verfjes. "Weet je nog dat Tante Iris altijd zei dat deze kamer speciaal voor papa was?" vroeg Mees. Sophie glimlachte en knikte. Hun vader was schilder geweest en had vaak in die kamer doorgebracht. Terwijl ze naar het kleine schildersezeltje keken, herinnerden ze zich hoe hun vader altijd met trots sprak over zijn moeder, Tante Iris, die hem had aangemoedigd zijn creativiteit te volgen.

In de keuken, waar piepkleine kopjes en pannen op de planken stonden, rook Sophie plotseling de geur van versgebakken brood. Het was alsof ze weer in Tante Iris' huis stond, kijkend hoe haar tante deeg kneedde en verhalen vertelde over hun voorouders die altijd het ambacht van brood bakken hadden doorgegeven. Sophie glimlachte en pakte een van de kleine kopjes op. Het voelde bijna alsof haar handen weer klein waren, net zoals vroeger, en ze met verwondering naar het vakmanschap keek.

Na elke kamer bezocht te hebben, voelde Sophie zich ineens dieper verbonden met haar familie. Het poppenhuis was niet zomaar een verzameling van miniaturen; het was een levend archief, een museum vol herinneringen en verhalen die van generatie op generatie waren doorgegeven. Het was magisch hoe elke kamer, elk object, een verborgen geschiedenis had die Sophie nu, als volwassene, kon begrijpen en waarderen.

Op een avond, toen de zon net onderging en het gouden licht door de ramen van het poppenhuis viel, besloot Sophie het licht in elke kamer aan te steken. Terwijl ze naar het poppenhuis keek, leek het even alsof het tot leven kwam. Ze hoorde het zachte gelach van haar tante, voelde de liefde van haar ouders, en zag zichzelf, als kind, verwonderd door het mysterie van dit bijzondere huis.

Het poppenhuis van Tante Iris was niet zomaar een erfstuk. Het was een erfgoed, een blijvende band met haar familie, met haar verleden, en met de liefde en zorg die generatie na generatie hadden doorgegeven. Terwijl ze de kleine voordeur zachtjes dichtdeed, besefte Sophie dat ze niet alleen een poppenhuis had geërfd, maar een heel leven aan herinneringen.

Aunt Iris's Dollhouse

When Sophie held the large, carefully wrapped dollhouse from her Aunt Iris in her hands, she felt a familiar warmth in her heart. The house, so beautifully and intricately built, had always fascinated her when she visited as a little girl. Each room was meticulously decorated, every piece of furniture placed as if the little dolls had truly lived within those walls. Now, the dollhouse was hers, a legacy that brought back memories of those long summer days spent at Aunt Iris's house.

The dollhouse was a masterpiece, with small rooms that seemed to tell their own stories. Aunt Iris had often told her that each room contained a memory and that if she looked closely, she could see where their ancestors once lived and thrived. As a child, Sophie believed every word her aunt said, and now, as an adult, she was curious if those stories were more than just fantasy.

She set the dollhouse down in her living room and began to explore each room one by one. In the living room, furnished with tiny leather armchairs and a miniature fireplace, she suddenly saw herself again as a little girl, sitting on the couch next to Aunt Iris, listening to stories about distant uncles and aunts, about loves and losses, happiness and sorrow. The scent of cinnamon, which always lingered in Aunt Iris's house, seemed to fill her nose all of a sudden.

In the bedroom, with a bed covered in lace sheets and a small painting on the wall, Sophie found a tiny wooden box hidden under the bed. It was strange; she didn't remember ever seeing this before. When she opened the box, she found a miniature diary with tiny letters written inside. She recognized her grandmother's handwriting, which was always beautifully round. The diary recounted a summer by the sea, days filled with sun and sand, and her grandfather giving her grandmother a small seashell that symbolized their eternal love. A tear came to Sophie's eye; these were stories she had never heard before.

When her brother Mees came to visit, she showed him the dollhouse. He remembered the attic room, where a small easel stood with a tiny brush and an open box of paints. "Do you remember Aunt Iris always said this room was specially for Dad?" Mees asked. Sophie smiled and nodded. Their father had been a painter and often spent time in that room. As they looked at the tiny easel, they recalled how their father always spoke proudly of his mother, Aunt Iris, who encouraged him to follow his creativity.

In the kitchen, where tiny cups and pots were displayed on the shelves, Sophie suddenly caught the scent of freshly baked bread. It was as if she were back in Aunt Iris's house, watching her aunt knead dough while telling stories about their ancestors who had always passed down the craft of bread-making. Sophie smiled and picked up one of the little cups. It felt almost as if her hands were small again, just like before, as she marveled at the craftsmanship.

After visiting each room, Sophie felt a deeper connection to her family. The dollhouse was not just a collection of miniatures; it was a living archive, a museum filled with memories and stories passed down through generations. It was magical how each room, each object, had a hidden history that Sophie could now understand and appreciate as an adult.

One evening, as the sun set and golden light streamed through the windows of the dollhouse, Sophie decided to turn on the lights in each room. As she looked at the dollhouse, it seemed to come to life for a moment. She heard her aunt's gentle laughter, felt the love of her parents, and saw herself, as a child, filled with wonder at the mystery of this special house.

Aunt Iris's dollhouse was not just an heirloom. It was a heritage, a lasting connection to her family, her past, and the love and care passed down from generation to generation. As she gently closed the little front door, Sophie realized she had inherited not just a dollhouse but a whole life of memories.

De Tuin van Herinneringen

Kees zuchtte zachtjes terwijl hij een handvol aarde door zijn vingers liet glijden. De tuin voor hem strekte zich uit in verschillende perken en bloembedden, zorgvuldig aangelegd en vol kleur. Hier had hij ontelbare uren doorgebracht, werkend en verzorgend, sinds zijn pensioen. Maar de tuin was niet zomaar een verzameling planten en bloemen. Het was een plek vol herinneringen, een tastbare echo van zijn leven met Rina, zijn vrouw die hij jaren geleden had verloren.

Rina had altijd van bloemen gehouden. Elke lente, wanneer de tulpen en narcissen hun kopjes opstaken, leek het alsof haar glimlach terugkeerde. Ze had een speciale liefde voor de jasmijn, die aan het einde van de zomer begon te bloeien en de lucht vulde met haar zoete geur. Terwijl Kees een oude jasmijnstruik snoeide, dacht hij terug aan de avonden dat ze samen in de tuin zaten, pratend over hun leven, hun dromen, en later, hun kinderen en kleinkinderen.

Op een middag kwam Noor, zijn kleindochter, op bezoek. Noor was een nieuwsgierig meisje, altijd op zoek naar verhalen en antwoorden. Voor een schoolproject had ze besloten om meer te weten te komen over haar familiegeschiedenis, en ze had meteen gedacht aan haar opa. De tuin leek haar de perfecte plek om die verhalen tot leven te brengen.

"Vertel eens, opa," begon Noor terwijl ze op een krukje naast hem ging zitten. "Hoe begon deze tuin eigenlijk? Waarom heb je hem zo gemaakt?"

Kees glimlachte, blij met de vraag. "Dit was ooit een lege plek, maar Rina en ik wilden iets moois creëren, iets dat ons zou verbinden met de aarde, en misschien zelfs met elkaar." Hij wees naar een hoek van de tuin waar rozenstruiken groeiden. "Daar hebben we onze eerste rozen geplant, vlak nadat we getrouwd waren. Ze bloeiden elke zomer prachtig, net zoals ons leven samen."

Noor keek aandachtig naar de rozenstruiken en stelde zich voor hoe haar grootouders jong en verliefd samen in de tuin werkten. "En wat betekent deze boom?" vroeg ze en wees naar een grote, oude eik in het midden van de tuin.

Kees lachte zachtjes. "Die eik hebben we samen geplant toen je moeder werd geboren. Rina zei dat ze wilde dat onze kinderen zouden opgroeien in de schaduw van iets stevigs en standvastigs, net zoals onze liefde."

Terwijl de zon langzaam zakte, liepen Kees en Noor verder door de tuin. Kees vertelde verhalen over elke hoek en elk bloemsoort: over de lavendel die Rina gebruikte om geurzakjes te maken, over de madeliefjes die hun kinderen altijd plukten en in hun haar staken, en over de rij zonnebloemen die Rina had geplant om hun tuin op te fleuren, zelfs op de meest grijze dagen.

Noor luisterde ademloos, beseffend dat deze tuin meer was dan alleen een plek met bloemen en bomen. Het was een plek vol herinneringen, een levend document van de liefde en het leven dat haar grootouders samen hadden opgebouwd.

"Heb je ooit het gevoel dat oma nog steeds hier is?" vroeg Noor uiteindelijk, terwijl ze hem aankeek.

Kees knikte langzaam. "Ja, elke dag. Ze is hier, in de geur van de jasmijn, in het ritselen van de bladeren, en in elke bloem die bloeit. Deze tuin is als een boek vol herinneringen, en elke keer dat ik hier werk, lees ik een bladzijde van ons leven samen."

Noor glimlachte en pakte haar opa's hand vast. "Zou je het erg vinden als ik vaker kom? Misschien kan ik je helpen in de tuin, en dan kun je me nog meer verhalen vertellen."

Kees kneep zachtjes in haar hand. "Niets zou me gelukkiger maken, Noor. Het is belangrijk om onze herinneringen te delen. Zo blijven ze levend, niet alleen in deze tuin, maar ook in jou."

En zo werd de tuin niet alleen een plek van herinneringen voor Kees, maar ook een plek van verbinding tussen de generaties. Terwijl Noor haar opa hielp met planten, snoeien en wieden, ontdekte ze niet alleen meer over haar familie, maar ook over de kracht van herinneringen en de bijzondere manier waarop plaatsen zoals deze tuin het verleden kunnen laten voortleven in het heden.

The Garden of Memories

Kees sighed softly as he let a handful of soil slip through his fingers. The garden before him stretched out in various plots and flower beds, carefully laid out and full of color. Here, he had spent countless hours working and tending since his retirement. But the garden was not just a collection of plants and flowers. It was a place filled with memories, a tangible echo of his life with Rina, his wife, whom he had lost years ago.

Rina had always loved flowers. Every spring, when the tulips and daffodils pushed their heads up, it seemed as though her smile returned. She had a special fondness for jasmine, which began to bloom at the end of summer and filled the air with its sweet fragrance. As Kees pruned an old jasmine bush, he reflected on the evenings they spent together in the garden, talking about their lives, their dreams, and later, their children and grandchildren.

One afternoon, Noor, his granddaughter, came to visit. Noor was a curious girl, always searching for stories and answers. For a school project, she had decided to learn more about her family history, and she immediately thought of her grandfather. The garden seemed to her the perfect place to bring those stories to life.

"Tell me, Grandpa," Noor began as she sat on a stool beside him. "How did this garden actually start? Why did you create it like this?"

Kees smiled, pleased with the question. "This was once an empty space, but Rina and I wanted to create something beautiful, something that would connect us to the earth, and perhaps even to each other." He pointed to a corner of the garden where rose bushes grew. "We planted our first roses there, right after we got married. They bloomed beautifully every summer, just like our life together."

Noor listened intently to the rose bushes, imagining her grandparents young and in love, working together in the garden. "And what does this tree mean?" she asked, pointing to a large, old oak in the center of the garden.

Kees chuckled softly. "We planted that oak together when your mother was born. Rina said she wanted our children to grow up in the shade of something strong and steadfast, just like our love."

As the sun slowly set, Kees and Noor continued to walk through the garden. Kees shared stories about every corner and every type of flower: about the lavender that Rina used to make sachets, about the daisies that their children always picked and stuck in their hair, and about the row of sunflowers that Rina had planted to brighten their garden even on the grayest days.

Noor listened in rapt attention, realizing that this garden was more than just a place with flowers and trees. It was a place filled with memories, a living document of the love and life her grandparents had built together.

"Do you ever feel like Grandma is still here?" Noor eventually asked, looking up at him.

Kees nodded slowly. "Yes, every day. She is here, in the scent of the jasmine, in the rustling of the leaves, and in every flower that blooms. This garden is like a book full of memories, and every time I work here, I read a page of our life together."

Noor smiled and squeezed her grandfather's hand. "Would you mind if I came more often? Maybe I could help you in the garden, and then you could tell me even more stories."

Kees gently squeezed her hand back. "Nothing would make me happier, Noor. It's important to share our memories. That way, they stay alive, not only in this garden but also in you."

And so, the garden became not only a place of memories for Kees but also a place of connection between generations. As Noor helped her grandfather plant, prune, and weed, she discovered not only more about her family but also about the power of memories and the special way places like this garden can keep the past alive in the present.

Zomer in Zeeland

De zomerzon scheen helder over de kust van Zeeland. Het was een prachtige dag, en Pieter en Janneke, een ouder echtpaar, zaten op hun veranda van het kleine strandhuisje dat ze hadden gehuurd voor de zomer. De zeelucht was fris en vol beloftes van een seizoen vol rust en eenvoud.

Pieter leunde achterover in zijn stoel en knikte tevreden. "Dit was een goed idee, Janneke," zei hij, zijn blik op de golven gericht. "Weg van de drukte, gewoon wij tweeën, de zee en de frisse lucht."

Janneke glimlachte. "En de buren," voegde ze eraan toe terwijl ze naar het huisje naast hen wees, waar een jong stel bezig was met het uitpakken van een auto vol spullen. Het leek erop dat ze ook hun zomer hier zouden doorbrengen.

Later op de dag zagen ze het stel op het strand. Janneke, altijd vriendelijk en nieuwsgierig, besloot een praatje te maken. Ze liep op hen af met een grote glimlach. "Goedemiddag! Ik ben Janneke en dit is mijn man, Pieter. Het lijkt erop dat we deze zomer buren zijn."

De vrouw, Noor, lachte hartelijk terug. "Leuk om jullie te ontmoeten! Ik ben Noor, en dit is mijn man, Bastiaan. We komen hier ook om te ontsnappen aan de stad en te genieten van de rust."

Zo begon een onverwachte vriendschap tussen de twee stellen. Elke ochtend dronken ze samen koffie op de veranda van Pieter en Janneke, met uitzicht op de zee. Noor en Bastiaan deelden verhalen over hun werk en de hectiek van het stadsleven, terwijl Pieter en Janneke verhalen vertelden over hun jeugd en hun eerste zomers in Zeeland, lang geleden.

Op een ochtend kwam Noor met een ondeugende glimlach aanlopen en hield een zakje schelpen omhoog. "Weet je wat ik nog nooit heb gedaan?" zei ze. "Schelpenkettingen maken! Hebben jullie dat vroeger wel eens gedaan?"

Janneke grinnikte. "Dat deden we vroeger als kinderen, ja. Ik weet nog dat ik altijd met een touw vol schelpen thuiskwam. Misschien kunnen we het nog wel een keer proberen."

De vier begonnen lachend en kletsend met het maken van schelpenkettingen. Pieter, met zijn grote handen en minder verfijnde motoriek, had moeite om de kleine gaatjes in de schelpen te vinden, wat tot hilarische momenten leidde. Bastiaan, die normaal gesproken een serieuze accountant was, zat met zijn tong uit zijn mond geconcentreerd te knutselen, wat de anderen hardop liet lachen.

's Avonds zaten ze samen op het strand bij een klein kampvuurtje dat Bastiaan had gemaakt. Terwijl de zon langzaam onderging, en de lucht rood en oranje kleurde, praatten ze over van alles: de beste visrestaurants in de buurt, de roddels die in het dorp rondgingen, en de geheimen van de Zeeuwse keuken.

Op een bepaald moment vroeg Noor aan Janneke: "Wat is het geheim van een gelukkig leven? Jullie lijken zo gelukkig samen, zo vredig."

Janneke keek naar Pieter en glimlachte. "Ach, het is een kwestie van de kleine dingen waarderen, denk ik. We hebben zoveel mooie herinneringen opgebouwd samen. De kust, de zomers, een simpele maaltijd met goed gezelschap – dat zijn de dingen die ons gelukkig maken."

Pieter knikte. "En een beetje geduld, natuurlijk. Je moet elkaar ook de ruimte geven om jezelf te zijn."

Noor en Bastiaan keken elkaar aan, duidelijk geraakt door de woorden van hun oudere vrienden. Ze beseften dat ze iets waardevols hadden geleerd, iets eenvoudigs maar diepgaand.

De zomer ging voorbij in een ritme van zonnige dagen, gezamenlijke maaltijden en lange gesprekken bij het kampvuur. Tegen het einde van de zomer hadden Pieter en Janneke besloten om volgend jaar weer terug te komen naar hetzelfde strandhuisje. Ze hadden genoten van de rust, maar vooral van de onverwachte vriendschap met Noor en Bastiaan.

Toen de laatste dag van de zomer aanbrak, omhelsden de twee stellen elkaar hartelijk. Noor gaf Janneke een kleine schelpenketting die ze voor haar had gemaakt. "Een herinnering aan deze zomer," zei ze glimlachend. "En een herinnering aan jullie wijsheid en vriendelijkheid."

Pieter en Janneke zwaaiden hun nieuwe vrienden uit, en terwijl ze naar het lege strand keken, voelden ze een diepe voldoening.

Het was een zomer vol nieuwe vriendschappen, warme herinneringen en een hernieuwde waardering voor de kleine dingen in het leven. Terwijl ze terugliepen naar hun strandhuisje, wisten ze dat ze deze zomer in hun hart zouden bewaren – een zomer in Zeeland, vol zon, zee en onverwachte vriendschappen.

Summer in Zeeland

The summer sun shone brightly over the coast of Zeeland. It was a beautiful day, and Pieter and Janneke, an elderly couple, sat on the porch of the small beach house they had rented for the summer. The sea air was fresh and filled with promises of a season full of rest and simplicity.

Pieter leaned back in his chair, nodding contentedly. "This was a good idea, Janneke," he said, gazing at the waves. "Away from the hustle and bustle, just the two of us, the sea, and the fresh air."

Janneke smiled. "And the neighbors," she added, pointing to the house next to them, where a young couple was busy unpacking a car full of belongings. It looked like they would also be spending their summer here.

Later that day, they saw the couple on the beach. Janneke, always friendly and curious, decided to strike up a conversation. She walked over to them with a big smile. "Good afternoon! I'm Janneke, and this is my husband, Pieter. It seems we're neighbors this summer."

The woman, Noor, returned her smile warmly. "Nice to meet you! I'm Noor, and this is my husband, Bastiaan. We're here to escape the city and enjoy some peace."

Thus began an unexpected friendship between the two couples. Every morning, they shared coffee on Pieter and Janneke's porch, overlooking the sea. Noor and Bastiaan shared stories about their work and the hectic city life, while Pieter and Janneke recounted tales of their youth and their first summers in Zeeland, long ago.

One morning, Noor approached with a mischievous smile, holding up a bag of seashells. "Do you know what I've never done?" she said. "Make shell necklaces! Did you ever do that as kids?"

Janneke chuckled. "We used to do that as children, yes. I remember coming home with a string full of shells. Maybe we can give it a try again."

The four of them began laughing and chatting as they made shell necklaces. Pieter, with his large hands and less refined motor skills, struggled to find the tiny holes in the shells, leading to hilarious moments. Bastiaan, who was usually a serious accountant, was concentrating with his tongue sticking out, causing the others to laugh heartily.

In the evenings, they sat together on the beach by a small campfire that Bastiaan had built. As the sun slowly set, painting the sky red and orange, they talked about everything: the best fish restaurants nearby, the gossip circulating in the village, and the secrets of the Zeeland cuisine.

At one point, Noor asked Janneke, "What's the secret to a happy life? You both seem so happy together, so peaceful."

Janneke looked at Pieter and smiled. "Oh, I think it's about appreciating the little things. We've built so many beautiful memories together. The coast, the summers, a simple meal with good company—those are the things that make us happy."

Pieter nodded. "And a bit of patience, of course. You have to give each other the space to be yourselves."

Noor and Bastiaan exchanged glances, clearly touched by the words of their older friends. They realized that they had learned something valuable, something simple yet profound.

The summer passed in a rhythm of sunny days, shared meals, and long conversations by the campfire. By the end of summer, Pieter and Janneke decided to return to the same beach house next year. They had enjoyed the peace but, more importantly, the unexpected friendship with Noor and Bastiaan.

When the last day of summer arrived, the two couples embraced each other warmly. Noor gave Janneke a small shell necklace she had made for her. "A memory of this summer," she said with a smile. "And a reminder of your wisdom and kindness."

Pieter and Janneke waved goodbye to their new friends, and as they looked at the empty beach, they felt a deep sense of fulfillment. It had been a summer full of new friendships, warm memories, and a renewed appreciation for the little things in life. As they walked back to their beach house, they knew they would keep this summer in their hearts—a summer in Zeeland, full of sun, sea, and unexpected friendships.

Schaduwen in de Stad

Erik staarde naar het artikel op zijn scherm. De titel die hij had gekozen, "Onopgeloste Zaken in Rotterdam", voelde zwaar, bijna dreigend. Al weken was hij bezig met een reeks mysterieuze verschijningen op verschillende misdaadlocaties in de stad. Telkens wanneer er iets gebeurde — een inbraak, een overval, zelfs een verdwijning — was er een schaduwachtige figuur gezien in de buurt. Een man, of misschien een vrouw, gehuld in een lange donkere jas, met een hoed die het gezicht verborg. Niemand wist wie het was of wat hij of zij wilde.

Zijn telefoon ging af. Het was Maaike, zijn beste vriendin en ook een journalist, net als hij. Ze werkte voor een ander medium, maar ze begreep zijn fascinatie voor dit raadsel. "Erik, heb je het al gehoord?" vroeg ze opgewonden. "Er is weer iets gebeurd, vlak bij de oude haven. En de schaduwfiguur was er opnieuw!"

"Serieus?" Erik sprong overeind. "Ik kom meteen naar je toe."

Een uur later stonden Erik en Maaike samen bij de haven, waar de politie nog bezig was met onderzoek. Een buurtwinkel was overvallen, maar wat het verhaal vreemd maakte, was dat er niets gestolen leek. De eigenaar, een oude man genaamd Kees, vertelde in paniek dat hij iemand had gezien — een figuur in een zwarte jas die om zijn winkel sloop.

“Het is alsof hij alles zag,” zei Kees terwijl hij rilde. “Die ogen... ze leken me recht door de ziel te kijken.”

Erik voelde een rilling over zijn rug gaan. Dit was niet zomaar een verhaal; er zat iets ongrijpbaars in, iets wat hij nog niet kon bevatten. "Maaike, ik moet deze persoon vinden," zei hij vastbesloten. "Wie weet wat hij allemaal weet, wat hij allemaal gezien heeft."

Samen besloten ze het mysterie verder te onderzoeken. De weken die volgden, brachten Erik en Maaike naar de donkerste uithoeken van de stad. Ze spraken met mensen die claimden de schaduw te hebben gezien. Sommigen noemden hem een spook, anderen dachten dat hij een kluizenaar was die in het geheim over de stad waakte.

Op een avond, toen Erik moe thuis kwam, vond hij een envelop op zijn deurmat. Geen adres, geen naam, alleen een grijze envelop. Nieuwsgierig scheurde hij deze open en haalde er een oude foto uit. Het was een foto van een man die naast een jonge vrouw stond, beiden lachend, in een zomerse tuin. Hij herkende de vrouw meteen: zijn moeder. Maar de man naast haar kende hij niet.

De volgende dag vertelde hij alles aan Maaike. "Ik weet niet wie die man is, maar iets zegt me dat hij te maken heeft met die schaduwfiguur," zei Erik, terwijl hij de foto tussen zijn vingers draaide.

Maaike fronste. "Misschien is hij iemand uit je familiegeschiedenis, iemand waar je ouders nooit over hebben gesproken?"

Erik wist niet goed wat hij moest denken. Zijn ouders hadden altijd een kalm en eenvoudig leven geleid. Waarom zou er een geheim zijn?

Gedreven door een nieuw soort nieuwsgierigheid, dook hij dieper in zijn familiegeschiedenis. Hij bezocht archieven, doorzocht oude familiealbums en sprak met verre familieleden. Uiteindelijk vond hij een naam die herhaaldelijk opduikt: Leonard de Vries. Niemand leek veel over hem te weten, behalve dat hij ooit betrokken was bij duistere zaken in de jaren '80 en '90.

Met elke stap die hij nam, voelde Erik zich dieper het mysterie ingezogen. Tot op een avond hijzelf oog in oog stond met de schaduwfiguur. Hij herkende de contouren, de donkere jas, de lage hoed. Zijn hart bonkte in zijn borst.

"Wie bent u?" vroeg hij met trillende stem.

De figuur bleef stil, maar tilde langzaam de hoed op. Erik staarde in een gezicht dat verrassend bekend was. "Ik ben Leonard," zei de man met een zachte stem. "En ik heb jarenlang alles vanuit de schaduwen moeten bekijken, inclusief jou."

"Waarom?" Erik voelde een mengeling van verwarring en nieuwsgierigheid. "Waarom bleef u verborgen?"

Leonard zuchtte. "Sommige waarheden zijn te zwaar om te dragen, jongen. Ik moest keuzes maken die mijn familie, jouw familie, zouden beschermen. Maar het verleden heeft een manier om je altijd in te halen."

Erik luisterde terwijl Leonard vertelde over een oude familieclan, criminele betrokkenheid en hoe hij ooit alles had opgegeven om zijn familie veilig te stellen. Hij had ervoor gekozen om onzichtbaar te worden, in de schaduwen te leven en de stad in stilte te beschermen.

"En nu?" vroeg Erik zachtjes, niet zeker wat hij nu moest voelen of denken.

"Nu moet ik verder," antwoordde Leonard. "Maar jij weet het nu, en het is aan jou wat je met dit verhaal doet."

Toen de man in de schaduwen weer verdween, bleef Erik alleen achter, nog steeds met die oude foto in zijn hand. Hij wist dat dit verhaal nooit zomaar een krantenartikel zou worden. Het was meer dan dat. Het was het verhaal van zijn familie, een schaduw die zijn hele leven in stilte had beschermd.

Erik keek naar de stad, waar de lichten op de gebouwen weerkaatsten in het water van de haven. Het voelde alsof alles hetzelfde was gebleven, maar voor hem was niets meer hetzelfde. Schaduwen konden geheimen bevatten, maar soms, zo wist hij nu, konden ze ook beschermen.

Shadows in the City

Erik stared at the article on his screen. The title he had chosen, "Unsolved Cases in Rotterdam," felt heavy, almost ominous. For weeks, he had been investigating a series of mysterious sightings at various crime scenes around the city. Each time something happened— a burglary, a robbery, even a disappearance— there had been a shadowy figure spotted nearby. A man, or perhaps a woman, cloaked in a long dark coat, with a hat that obscured their face. No one knew who it was or what they wanted.

His phone rang. It was Maaike, his best friend and also a journalist. She worked for a different outlet, but she understood his fascination with this enigma. "Erik, have you heard?" she asked excitedly. "Something has happened again, near the old harbor. And the shadow figure was seen once more!"

"Seriously?" Erik jumped up. "I'm coming over right now."

An hour later, Erik and Maaike stood together at the harbor, where the police were still conducting their investigation. A neighborhood store had been robbed, but what made the story strange was that nothing seemed to have been stolen. The owner, an old man named Kees, told them in a panic that he had seen someone—a figure in a black coat lurking around his store.

"It was like he saw everything," Kees said, shivering. "Those eyes... they seemed to look right through my soul."

A chill ran down Erik's spine. This was not just a story; there was something elusive about it, something he could not yet grasp. "Maaike, I have to find this person," he said determinedly. "Who knows what they know, what they've seen."

Together, they decided to dig deeper into the mystery. The weeks that followed took Erik and Maaike to the darkest corners of the city. They spoke with people who claimed to have seen the shadow. Some called him a ghost, while others believed he was a hermit secretly watching over the city.

One evening, when Erik returned home exhausted, he found an envelope on his doormat. No address, no name, just a gray envelope. Curious, he tore it open and pulled out an old photograph. It was a picture of a man standing next to a young woman, both smiling in a summer garden. He recognized the woman immediately: his mother. But the man beside her was unfamiliar.

The next day, he told Maaike everything. "I don't know who that man is, but something tells me he's connected to that shadow figure," Erik said, turning the photo over in his fingers.

Maaike frowned. "Maybe he's someone from your family history, someone your parents never talked about?"

Erik didn't know what to think. His parents had always led a calm and simple life. Why would there be a secret?

Driven by a new kind of curiosity, he delved deeper into his family history. He visited archives, sifted through old family albums, and spoke with distant relatives. Eventually, he found a name that kept coming up: Leonard de Vries. Nobody seemed to know much about him, except that he had been involved in shady dealings in the '80s and '90s.

With every step he took, Erik felt himself drawn deeper into the mystery. Until one evening, he came face to face with the shadow figure. He recognized the outline, the dark coat, the low hat. His heart raced in his chest.

"Who are you?" he asked, his voice trembling.

The figure remained silent but slowly lifted the hat. Erik stared into a surprisingly familiar face. "I am Leonard," the man said softly. "And I have watched everything from the shadows for years, including you."

"Why?" Erik felt a mix of confusion and curiosity. "Why did you stay hidden?"

Leonard sighed. "Some truths are too heavy to bear, boy. I had to make choices to protect my family, your family. But the past has a way of catching up with you."

Erik listened as Leonard spoke of an old family clan, criminal involvement, and how he had once given everything up to keep his family safe. He had chosen to become invisible, to live in the shadows, and to silently protect the city.

"And now?" Erik asked quietly, unsure of what he should feel or think.

"Now I must move on," Leonard replied. "But you know now, and it's up to you what you do with this story."

As the man in the shadows faded away, Erik was left alone, still holding that old photo. He knew this story would never just be a newspaper article. It was more than that. It was the story of his family, a shadow that had silently protected him his entire life.

Erik looked out at the city, where the lights on the buildings reflected in the harbor's water. It felt as though everything remained the same, but for him, nothing would ever be the same again. Shadows could hold secrets, but sometimes, he now understood, they could also protect.